von Irene Weiler
10.3.2017

Maria Mail-Brandt (Hrsg.)

Schneeglöckchen läuten - Gedichte und Zitate

Literarische Zitate, Textauszüge und Gedichte von Hans Christian Andersen über Johann Wolfgang von Goethe bis Theodor Storm
mit Farbfotos besonderer Galanthus-Sorten

BOD - Books on Demand, Norderstedt 2015

Foto auf dem Cover: 'Ray Cobb'

Impressum

Zusammenstellung und alle Fotos © Maria Mail-Brandt 2015

Die Deutsche Nationalbibliothek verzeichnet diese Publikation in der Deutschen Nationalbibliografie; detaillierte bibliografische Daten sind im Internet über http://dnb.dnb.de abrufbar.

Herstellung und Verlag:
BOD – Books on Demand Norderstedt 2015

ISBN 9783739215532

Inhaltsverzeichnis

Hugo von Hofmannsthal Schneeglöckchen ei bist du..................6
Robert Burns Schneeglöckchen und Primeln,...................9
GGeorg Scheurlin Schneeglöckchen...............................10
Johann Meyer Schneeglöckchen..................................13
Johann Wolfgang von Goethe Frühling über's Jahr...................14
E.T.A. Hoffmann Der junge Student Eugenius....................17
A. H. Hoffmann von Fallersleben Willkommen, Ostertag!..........18
Joseph Freiherr von Eichendorff S` war doch wie..................21
J. J. Rudolphi Märchen vom Schneeglöckchen....................22
Friedrich Wilhelm Güll Im Garten blühn schon..................25
Volkslied Schneeglöckchen kling................................25
Ludwig Gotthard Kosegarten Die Blumenschiffer.................26
Robert Reinick Frühlingsglocken................................29
Oskar Dähnhardt Vom Schnee und vom Schneeglöckchen........30
Christina Rossetti Bruder, nun freu dich.........................33
Franz Alfred Muth Schneeglöckchen.............................34
Percy Bysshe Shelley Frühling...................................37
Franz von Schober Schneeglöcklein, o Schneeglöcklein,..........38
Ludwig von Gerstenbergk Das Mädchen.........................41
Richard Fedor Leopold Dehmel Schneeglöckchen................42
Theodor Storm Frühlingslied...................................45
Friedrich Rückert Schneeglöckchen.............................46
Verfasser unbekannt Das Schneeglöckchen......................49
Verfasser unbekannt Das Schneeglöckchen......................49
Friedrich Hofmann Der fröhliche Frühling......................50
Hans Christian Andersen Das Märchen vom Sommernarren.....53
Autorenregister..59
Fotoregister..60

Hugo von Hofmannsthal

Schneeglöckchen, ei, bist du schon da?
Ist denn der Frühling schon so na?

Wer lockte dich hervor ans Licht?
Trau doch dem Sonnenscheine nicht!

Wohl gut er's eben heute meint,
Wer weiß, ob er dir morgen scheint?

"Ich warte nicht, bis alles grün;
Wenn meine Zeit ist, muß ich blühn".

Galanthus 'Bagpuize Virginia'

Galanthus 'Sam Arnott'

Robert Burns

Schneeglöckchen und Primeln,

Sie schmückten die Au.

Es baden die Veilchen

sich morgens im Tau.

Georg Scheurlin

Das Schneeglöckchen

Der Frühling will kommen,
der Winter ist aus.

Schneeglöckchen läuten:
heraus, heraus!

Heraus ihr Schäfer in Flur und Heid`
es ist nicht mehr länger Schlafenszeit.

Ihr Sänger hervor aus Feld und Wald,
ihr Veilchen erwachet und duftet bald.

Galanthus 'Walrus'

Galanthus 'Straffan'

Johann Meyer

Schneeglöckchen

Wenn starr im Froste noch ruht der See,
Noch am Fenster die Blumen von Eis,
Dann blüht schon ein Blümchen aus kaltem Schnee,
Grünfarbig und silberweiß.

Und wenn ein Herz auf den Frühling hofft,
Darin es Winter zur Stund',
So bringt Schneeglöckchen ihm unverhofft
Zuerst vom Frühling die Kund'.

O, du mein Herz, laß das Klagen sein!
Ob dein Winter auch töten dich will,
Schneeglöckchen läutet den Frühling ein:
Sei still! sei still! sei still!

Und der Frühling weckt Lieder und Blumen zumal,
Und der Frühling kennt keinen Schmerz!
Der hat auch wohl einen Sonnenstrahl
Für ein armes winterlich Herz.

Johann Wolfgang von Goethe

Frühling über's Jahr

Das Beet schon lockert
Sich's in die Höh'
Da wanken Glöckchen
So weiß wie Schnee;
Safran entfaltet
Gewalt'ge Glut,
Smaragden keimt es
und keimt wie Glut.

Primeln stolzieren
So naseweis,
Schalkhafte Veilchen
Versteckt mit Fleiß;
Was auch noch alles
Da regt und webt,
Genug, der Frühling
Er wirkt und lebt.

Galanthus 'David Shakleton'

Galanthus 'Desdemona'

E.T.A. Hoffmann

Der junge Student Eugenius (Auszug)

Sag' einmal, Gretchen, was sind das für Pflanzen
dort in jenen Töpfen,
die nun bald blühen werden?
"Ja!" rief Gretchen freudig,
"das sind ja meine lieben Schneeglöckchen!"

"Siehst du," sprach Eugenius weiter,
"siehst du nun wohl, Gretchen,
daß du nicht einmal deine Lieblingsblumen
richtig zu benennen weißt!

Galanthus nivalis mußt du sagen."

"Galanthus nivalis," sprach Gretchen leise nach,
wie in scheuer Ehrfurcht.

August Heinrich Hoffmann von Fallersleben

Willkommen, Ostertag!

Was soll denn das bedeuten,
Schneeglöckchen hübsch und fein?
Wir wollen nichts, wir läuten
ja nur den Frühling ein.
Bald wird es Sonntag werden,
und vor Gottes Altar
steigt aus dem Schoss der Erden
der Blumen bunte Schar.
Die grünen Augen brechen
dann auch in Busch und Hag,
und alle Blüten sprechen:
Willkommen, Ostertag!

Galanthus 'Wendy`s Gold'

Galanthus 'Conquest'

Joseph Freiherr von Eichendorff

S` war doch wie ein leises Singen
In dem Garten heute Nacht,
Wie wenn laue Lüfte gingen:
"Süße Glöcklein, nun erwacht,
Denn die warme Zeit wir bringen,
Eh's noch jemand hat gedacht."

's war kein Singen, 's war ein Küssen,
Rührt die stillen Glöcklein sacht,
Daß sie alle tönen müssen
Von der künftgen bunten Pracht.

Ach, sie konntens nicht erwarten,
Aber weiß vom letzten Schnee
War noch immer Feld und Garten
Und sie sanken um vor Weh.

So schon manche Dichter streckten
Sangesmüde sich hinab,
Und der Frühling, den sie weckten,
Rauschte über ihrem Grab.

J. J. Rudolphi

Märchen vom Schneeglöckchen

Wo find' ich das Glöckchen silberweiß,
Das dem silbernen Boden entsprieße?
Wo find' ich euch Thränen so freudig und heiß,
Daß das Silber zum Bächlein zerfließe?
Und find' ich euch nicht in schneller Frist,
Um das Schwesterlein dann es geschehen ist.«

"Ich hab' es gefunden", rief der Gärtnerssohn auf einmal in freudiger Bewegung; denn er stand eben im Garten und sah, wie der Mond ein Schneeglöckchen beleuchtete, das unter dem Schnee hervorgewachsen war, und glänzender Reif hatte es überzogen, und es sah aus wie Silber, mit Diamanten besetzt. Da lief er hin, und holte eine Grabscheit, und grub es mit dem Schnee heraus, und setzte es in ein Körbchen. Er lief aber alsbald damit zum Schloß hinein.
Die Königstochter war aber sehr krank, und der Königssohn saß vor ihrem Bette, und ihr Vater und ihre Mutter erwarteten jeden Augenblick, daß sie sterben würde. Da trat der Gärtnerssohn mit dem Schneeglöckchen herein. Kaum aber hatte ihn die Königstochter erblickt, so rief sie: "das ist das silberne Glöckchen, das ich im Traume gesehen habe; jetzt bin ich gesund." "Gib es her,« sagte der Königssohn, daß ich es sehe." Da nahm er es in seine Hand, und wie er es so betrachtete, fielen seine Thränen herab auf den Schnee, daß er schmolz, und in einem glänzenden Bächlein auf den Boden tröpfelte. Da stand aber der alte König und die Königin auf, und der König sagte zu dem Gärtnerssohne: "Ich habe meine Tochter demjenigen zur ehelichen Gemahlin versprochen, der ihr das Silberglöckchen bringen würde. Sie soll dein seyn".

Galanthus 'Nothing Special'

Galanthus 'Daphne`s Scissors'

Friedrich Wilhelm Güll

Im Garten blühn schon ein Weilchen

Im Garten blühn schon ein Weilchen
Schneeglöckchen, Krokus und Veilchen.
Da hab ich mich nicht lang bedacht
und ein schönes Sträußchen zurechtgemacht.
Das bringe ich dir zum Geburtstagsfest.

Der Frühling dich schön grüßen lässt.
Er sagt, mit allem Sonnenschein
kehrt er so gerne bei dir ein,
damit dein neues Lebensjahr
sei sonnig, fröhlich, hell und klar.

Volkslied

Schneeglöckchen kling,
Frühling uns bring,
bring uns den Sonnenschein,
wacht auf ihr Blümelein,
Schneeglöckchen kling,
Frühling uns bring.

Ludwig Gotthard Kosegarten

Die Blumenschiffer (Auszug)

Eine Eugenia sah' ich, vermählt dem edlen Platanus,
Froh des vertraulichen Schirms, blüheten Blumen umher;
Jegliche anders gefärbt, und jegliche anders gestaltet,
Jegliche anders begabt von der Natur und dem Gott.
Schwermuthduftend entgegen der strahlenden Sonne der Schönheit,
Wendend den ahnenden Blick, schoßte der Heliotrop.
Blendender blüht' und brannte zugleich die schöne Ixora.
Stilleren Reizes zunächst senktest du Blöde den Blick,
Holde Mimosa. Es hing der gedankenhauchende Diptam
Schweigsam das sinnige Haupt. Göttern und Menschen geliebt,
Funkelt' im Schmelz des Rasens die tausendblätt'rige Bellis.
Ein Schneeglöckchen entsproß keimend dem grünenden Grund'.

Galanthus 'Onkel Oscar'

Galanthus 'Sandersii'

Robert Reinick

Frühlingsglocken (Auszug)

Schneeglöckchen tut läuten!
Was hat das zu bedeuten?
Ei, gar ein lustig Ding!
Der Frühling heut' geboren ward,
Ein Kind der allerschönsten Art;
Zwar liegt es noch im weißen Bett,

Doch spielt es schon so wundernett,
drum kommt, ihr Vögel, aus
Dem Süd' und bringet neue Lieder mit!
Ihr Quellen all, erwacht im Tal!
Was soll das lange Zaudern?
Sollt mit dem Kind plaudern!

Oskar Dähnhardt

Vom Schnee und vom Schneeglöckchen

Der Herr hat alles erschaffen: Gras und Kräuter und Blumen.
Er hatte ihnen die schönsten Farben gegeben.
Zuletzt machte er nun noch den Schnee und sagte zu ihm:
"Die Farbe kannst du dir selbst aussuchen.
So einer wie du, der alles frisst, wird ja wohl etwas finden."

Der Schnee ging also zum Gras und sagte:
"Gib mir deine grüne Farbe!"
Er ging zur Rose und bat sie um ihr rotes Kleid.
Er ging zum Veilchen und dann zur Sonnenblume.
Denn er war eitel. Er wollte einen schönen Rock haben.
Aber Gras und Blumen lachten ihn aus und schickten ihn fort.

Er setzte sich zum Schneeglöckchen und sagte betrübt:
"Wenn mir niemand eine Farbe gibt,
so ergeht es mir wie dem Wind.
Der ist auch nur darum so bös, weil man ihn nicht sieht."

Da erbarmte sich das Schneeglöckchen und sprach:

"Wenn dir mein Mäntelchen gefällt, kannst du es nehmen."
Der Schnee nahm das Mäntelchen und ist seitdem weiß.

Aber allen Blumen ist er er seitdem feind,
nur nicht dem Schneeglöckchen.

Galanthus 'South Hayes'

Galanthus 'Ecussion d Or'

Theodor Storm

März

Und aus der Erde schauet nur
Alleine noch Schneeglöckchen;
So kalt ist noch die Flur,
Es friert im weißen Röckchen.

Christina Rossetti

Bruder, nun freu dich doch!
Schneeglöckchen bracht' ich, wenige noch,
Heiter und hoffnungsvoll schauen sie zur Wintersonne hoch
Aus kalter Erde und bitten sie um Segen.

Franz Alfred Muth

Schneeglöckchen

Horch, liebliches Läuten!
Was will es doch sein?
O selig Bedeuten,
Ei, Frühling soll`s sein!
Und hast du im Herzen
Noch Eis und noch Schnee,
Noch Sorgen und Schmerzen,
Nun fort mit dem Weh!
Schneeglöckchen rührt helle
Die Glöcklein so fein.
Wie ist`s, du Geselle,
Du stimmst doch mit ein?

Galanthus 'Bill Bishop'

Galanthus 'Modern Art.'

Percy Bysshe Shelley

Frühling

Als dann der Frühling im Garten stand,
Das Herz, ein seltsam Sehnen empfand,
Und die Blumen und Kräuter und jeder Baum
wachten auf aus dem Wintertraum,
Schneeglöckchen und Veilchen hat über Nacht
der warme Regen ans Licht gebracht,
Aus Blüten und dunkler Erde ein Duft
durchzog wie ein sanftes Rufen die Luft.

Franz von Schober

Schneeglöcklein, o Schneeglöcklein, (Auszug)

Schneeglöcklein, o Schneeglöcklein,
In den Auen läutest du,
Läutest in dem stillen Hain,
Läute immer, läute zu, läute immer zu!

Denn du kündest frohe Zeit,
Frühling naht, der Bräutigam,
Kommt mit Sieg vom Winterstreit,
Dem er seine Eiswehr nahm.

Darum schwingt der goldne Stift,
Daß dein Silberhelm erschallt,
Und dein liebliches Gedüft
Leis' wie Schmeichelruf entwallt:

Daß die Blumen in der Erd'
Steigen aus dem düstern Nest,
Und des Bräutigams sich wert
Schmücken zu dem Hochzeitsfest.

Schneeglöcklein, o Schneeglöcklein,
In den Auen läutest du,
Läutest in dem stillen Hain,
Läut' die Blumen aus der Ruh'!

Galanthus 'Bertram Anderson'

Galanthus 'Kenneth 'Beckett`s AM'

Ludwig von Gerstenbergk

Das Mädchen an das erste Schneeglöckchen

Was bricht hervor, wie Blüthen weiß,
bei kaltem Nord durch Schnee und Eis?
Schneeglöckchen ist's; sehnt sich nach blauer Luft
und seines Waldes sonst viel linder'm Duft;
rauh fühlt's den Nord, doch Sehnsucht stärker ist;
es muß hervor, wo sonst kein Leben sprießt,
und eh' es noch die Glöcklein ganz entfaltet,
ist es in Eiseshauch erkaltet.

Auch ich bin sehnend früh erblüht,
auch mich der kalte Nord umzieht;
der Nord der Einsamkeit erstarrt mein Herz.
Siehst du die heim'schen Gluthen himmelwärts,
wo süßes ew'ges Liebesleben sproßt?
Schneeglöcklein, willst mit mir zum Flammen-Ost?
So läute, Glöcklein, still zu unserm Grab;
wir gehen schwesterlich hinab.

(Vertont von Carl Maria von Weber)

Richard Fedor Leopold Dehmel

Schneeglöckchen (Auszug)

Sie ist erwacht,
des Winters einzige Blume.
In Tod und Nacht
träumte die stumme
Botin des Frühlings
von Licht und Leben.

Wie sie sich heben
alle die sprießenden Spitzen,
zum Himmel bange
bebend sich richten!
aber droben
die Sonne schläft.

Galanthus 'Trumps'

Galanthus 'Scharlockii Trifth'

Theodor Storm

Frühlingslied Zu des Mädchens Wiegenfeste

Und als das Kind geboren ward,
Von dem ich heute singe,
Der Winter schüttelte den Bart:
"Was sind mir das für Dinge!
Wie kommt dies Frühlingsblümelein
In mein bereiftes Haus hinein?
Potz Wunder über Wunder!"
Doch klingeling! Ringsum im Kreis
Bewegt' sich's im geheimen;
Schneeglöckchen hob das Köpfchen weiß,
Maiblümchen stand im Keimen;
Und durch die Lüfte Tag für Tag,
Da ging ein süßer Lerchenschlag
Weit über Feld und Auen.
Herr Winter! greif Er nur zum Stab!
Das sind gar schlimme Dinge:
Sein weißes Kleid wird gar zu knapp,
Sein Ansehn zu geringe! -
Wie übern Berg die Lüfte wehn,
Da merk ich, was das Blümlein schön
Uns Liebliches bedeute.

Friedrich Rückert

Schneeglöckchen

Der Schnee, der gestern noch in Flöckchen
Vom Himmel fiel
Hängt nun geronnen heut als Glöckchen
Am zarten Stiel.

Schneeglöckchen läutet, was bedeutet's
Im stillen Hain?
O komm geschwind! Im Haine läutet's
Den Frühling ein.

O kommt, ihr Blätter, Blüt' und Blume,
Die ihr noch träumt,
All zu des Frühlings Heiligtume!
Kommt ungesäumt!

Galanthus 'Viridiapice'

Galanthus 'Barbara`s Double'

Verfasser unbekannt

Das Schneeglöckchen

Ich läute ganz leise,
ich läute ganz fein,
ich läute euch heute
das Frühlingsfest ein.

Ich schüttle mein Köpfchen,
mein schneeweißes Röckchen,
mein silbernes Glöckchen.

Ich läute ganz leise,
ich läute ganz fein,
ich läute euch heute
das Frühlingsfest ein.

Friedrich Hofmann

Der fröhliche Frühling zieht in den Hain (Auszug)

Der fröhliche Frühling zieht in den Hain
Zur ersten Weihe ein.
Noch trotzt der Winter in todter Pracht,
Doch sieh, das blühendste Leben lacht
Hervor aus seines starren, kalten,
Von Eisduft glitzernden Mantels Falten.
...
Da ragt's aus dem Schnee so blättergrün,
Da nicken so weiß die Köpfchen und blühn !
Schneeglöckchen, die ersten, winken Dir dort !
Ei, bleibe nur ruhen, sie springen nicht fort.
Mußt ja gar viele Straßen laufen,
Um des Frühlings ersten Gruß - zu verkaufen.

Wie blickst Du so froh, weil Dein Auge spricht :
"Lieb Mütterlein, wart´ nur, heut weinen wir nicht!"
Schneeglöckchen ! fürwahr, so viele da sind,
Bist Du das schönste, Du armes Kind !
Dich wählte, daß wieder sein Walten gedeihe,
Der Frühling zur ersten und heiligsten Weihe.

Galanthus 'Ray Cobb'

Galanthus 'Moreton Mill'

Hans Christian Andersen

Das Märchem vom Sommernarren

Es ist Winterszeit, die Luft kalt, der Wind scharf,
aber zu Hause ist es warm und gut; zu Hause lag die Blume,
sie lag in ihrer Zwiebel unter Erde und Schnee.
Eines Tages fiel Regen. Die Tropfen drangen durch die Schneedecke in die Erde hinab, rührten die Blumenzwiebel an und meldeten von der Lichtwelt über ihnen. Bald drang auch der Sonnenstrahl fein und bohrend durch den Schnee, bis zur Zwiebel hinab und stach sie.

"Herein!" sagte die Blume.
"Das kann ich nicht", sagte der Sonnenstrahl, "ich bin nicht stark genug, um aufzumachen; ich bekomme erst im Sommer Kraft."

"Wann ist es Sommer?" fragte die Blume, und das wiederholte sie, so oft ein neuer Sonnenstrahl hinabdrang. Aber es war noch weit bis zur Sommerzeit. Noch lag der Schnee, und das Wasser gefror zu Eis
– jede einzige Nacht.

"Wie lange das doch dauert! Wie lange!" sagte die Blume.
"Ich fühle ein Kribbeln und Krabbeln, ich muß mich recken;
ich muß mich strecken. Ich muß aufschließen, ich muß hinaus,
dem Sommer einen 'Guten Morgen' zunicken;
das wird eine glückselige Zeit!"

Und die Blume reckte sich und streckte sich drinnen gegen die dünne Schale, die das Wasser von außen her weich gemacht, die der Schnee und die Erde gewärmt und in die der Sonnenstrahl hineingestochen hatte. Sie schoß unter dem Schnee empor mit einer weißgrünen Knospe auf dem grünen Stengel, mit schmalen, dicken Blättern, die sie gleichsam beschützen wollten. Der Schnee war kalt, aber vom Lichte durchstrahlt, dazu so leicht zu durchbrechen,
und hier traf sie auch der Sonnenstrahl mit stärkerer Macht als zuvor.

"Willkommen! Willkommen!" sang und klang jeder Strahl,
und die Blume erhob sich über den Schnee in die Welt des Lichtes
hinaus. Die Sonnenstrahlen streichelten und küßten sie, bis sie sich
ganz öffnete, weiß wie Schnee und mit grünen Streifen geputzt.
Sie beugte ihr Haupt in Freude und Demut.

"Liebliche Blume!" sang der Sonnenstrahl. "Wie frisch und leuchtend
du bist! Du bist die erste, du bist die einzige, du bist unsere Liebe!
Du läutest den Sommer ein, den schönen Sommer über Land und
Stadt! Aller Schnee soll schmelzen, der kalte Wind wird fortgejagt!
Wir werden gebieten. Alles wird grünen! Und dann bekommst du
Gesellschaft, Flieder und Goldregen und zuletzt die Rosen;
aber du bist die erste, so fein und leuchtend!"

Das war eine große Freude. Es war, als sänge und klänge die Luft,
als drängen die Strahlen des Lichts in ihre Blätter und Stengel.
Da stand sie, fein und leicht zerbrechlich und doch so kräftig in ihrer
jungen Schönheit. Sie stand in weißem Gewande mit grünen Bändern
und pries den Sommer. aber es war noch lang bis zur Sommerzeit,
Wolken verbargen die Sonne, scharfe Winde bliesen über sie hin.

"Du bist ein bißchen zu zeitig gekommen", sagten Wind und Wetter.
"Wir haben noch die Macht. Die bekommst du zu fühlen und mußt
dich dreinfinden. Du hättest zu Hause bleiben und nicht ausgehen
sollen, um Staat zu machen; dazu ist es noch nicht die Zeit."

Es war schneidend kalt. Die Tage, die nun kamen, brachten nicht einen
einzigen Sonnenstrahl; es war ein Wetter, um in Stücke zu frieren,
besonders für eine so zarte, kleine Blume. Aber sie trug mehr Stärke in
sich, als sie selber wußte. Freude und Glauben an den Sommer machten
sie stark, er mußte ja kommen; er war ihr von ihrer tiefen Sehnsucht
verkündet und von dem warmen Sonnenlichte bestätigt worden.
So stand sie voller Hoffnung in ihrer weißen Pracht, in dem weißen
Schnee und beugte ihr Haupt, wenn die Schneeflocken herabfielen,
während die eisigen Winde über sie dahinfuhren.

"Du brichst entzwei!" sagten sie. "Verwelke, Erfriere! Was willst du hier draußen! Weshalb ließest du dich verlocken! Die Sonnenstrahlen haben dich genarrt! Nun sollst du es gut haben, du Sommernarr!"

"Sommernarr!" schallte es durch den kalten Morgen, denn "Sommernarr" heißt im Dänischen das Schneeglöckchen. "Sommernarr" jubelten ein paar Kinder, die in den Garten hinabkamen. "Da steht einer, so lieblich, so schön, der erste, der einzige!"

Und die Worte taten der Blume so wohl, es waren Worte wie warme Sonnenstrahlen. Die Blume fühlte in ihrer Freude nicht einmal, daß sie gepflückt wurde. Sie lag in einer Kinderhand, wurde von einem Kindermund geküßt und hinein in die warme Stube gebracht, von milden Augen angeschaut, in Wasser gestellt, so stärkend, so belebend. Die Blume glaubte, daß sie mit einem Male mitten in den Sommer hineingekommen wäre.

Die Tochter des Hauses, ein niedliches kleines Mädchen, war eben konfirmiert; sie hatte einen lieben kleinen Freund, der auch konfirmiert worden war; nun arbeitete er auf eine feste Stellung hin. "Es soll mein Sommernarr sein!" sagte sie. Dann nahm sie die feine Blume, legte sie in ein duftendes Stück Papier, auf dem Verse geschrieben standen, Verse über die Blume, die mit "Sommernarr" anfingen und mit "Sommernarr" schlossen, das Ganze war eine zärtliche Neckerei. Nun wurde alles in den Umschlag gelegt, die Blume lag darin, und es war dunkel um sie her, dunkel wie damals, als die noch in der Zwiebel lag. So kam die Blume auf Reisen, lag im Postsack, wurde gedrückt und gestoßen; das war nicht behaglich. Aber es nahm ein Ende.

Die Reise war vorbei, der Brief wurde geöffnet und von dem lieben Freunde gelesen. Er war so erfreut, daß er die Blume küßte, und dann wurde sie mit den Versen zusammen in einen Schubkasten gelegt, worin noch mehr solcher schönen Briefe lagen, aber alle ohne Blume; sie war die erste, die einzige, wie die Sonnenstrahlen sie genannt hatten, und darüber nachzudenken war schön.

Sie durfte auch lange darüber nachdenken, sie dachte, während der
Sommer verging und der lange Winter verging, und als es wieder
Sommer wurde, wurde sie wieder hervorgenommen. Aber da war der
junge Mann gar nicht froh. Er faßte das Papier hart an und warf die
Verse hin, daß die Blume zu Boden fiel. Flachgepreßt und trocken war
sie ja, aber deshalb hätte sie doch nicht auf den Boden geworfen
werden müssen; doch dort lag sie besser als im Feuer, wo die Ferse und
Briefe auflodertetn.
Was war geschehen? – Was so oft geschieht.
Die Blume hatte ihn genarrt, es war ein Scherz; die Jungfrau hatte ihn
genarrt; das war kein Scherz, sie hatte sich einen anderen Freund im
schönen Sommer erkoren.

Am Morgen schien die Sonne auf den flachgedrückten kleinen
Sommernarren herab, der aussah, als sei er auf den Boden gemalt. Das
Mädchen, das auskehrte, nahm ihn auf und legte ihn in eins der Bücher
auf dem Tische, weil sie glaubte, daß er dort herausgefallen sei, als die
aufräumte und das Zimmer in Ordnung brachte. Und die Blume lag
wieder zwischen Versen, gedruckten Versen und die sind viel
vornehmer als die geschriebenen. wenigsten haben sie mehr gekostet.

So vergingen Jahre. Das Buch stand auf dem Bücherbrett. Nun wurde
es hervorgeholt, geöffnet und gelesen. Es war ein gutes Buch, Verse
und Lieder, die er wert sind, gekannt zu werden. Und der Mann, der
das Buch las, wandte das Blatt um. "Da liegt ja eine Blume", sagte er,
"ein Sommernarr! Es hat wohl seine Bedeutung, daß er gerade
hierhergelegt worden ist. Ja, liege als Zeichen hier im Buche, kleiner
Sommernarr!"

Und so wurde das Schneeglöckchen wieder ins Buch gelegt und fühlte
sich beehrt und erfreut, daß es als Zeichen von Bedeutung im Buche
liegenbleiben sollte.

Das ist das Märchen vom Schneeglöckchen, dem Sommernarren.

Zur Herausgeberin
Die Buchhändlerin und freie Gartenschriftstellerin Maria Mail-Brandt verbindet ihre zwei Leidenschaften Garten und Literatur in 5 Homepages, einem Gartenblog, einem Gartenforum und engagiert sich in sozialen Netzwerken. Seit vielen Jahren sammelt sie Gedichte über Pflanzen und zum Thema Garten.
Ihre Homepage www.garten-literatur.de wurde 2011 als "Bestes Garten-Online-Portal" ausgezeichnet; auf www.galanthomanie.de stellt sie Wissenswertes zum Schneeglöckchen und über 800 Galanthus-Sorten vor.

Autorenregister

Andersen, Hans Christian..53
Burns, Robert..9
Dähnhardt, Oskar..30
Dehmel, Richard Fedor Leopold......................................42
Eichendorff, Joseph Freiherr von.....................................21
Gerstenbergk, Ludwig von..41
Goethe, Johann Wolfgang von...14
Güll, Friedrich Wilhelm..25
Hoffmann...17
Hoffmann von Fallersleben, A. H. 18
Hoffmann, E. T. A...17
Hofmann, Friedrich...50
Hofmannsthal, Hugo von...6
Kosegarten, Ludwig Gotthard..26
Meyer, Johann...13
Muth, Franz Alfred...34
Reinick, Robert..29
Rossetti, Christina...33
Rückert, Friedrich...46
Rudolphi, J. J...22
Scheurlin, Georg..10
Schober, Franz von..38
Shelley, Percy Bysshe..37
Storm, Theodor...33, 45
Verfasser unbekannt..49
Volkslied...25

Fotoregister

Galanthus 'Bagpuize Virginia'...7
Galanthus 'Barbara`s Double'...48
Galanthus 'Bertram Anderson'..39
Galanthus 'Bill Bishop' 35
Galanthus 'Conquest'..20
Galanthus 'Daphne`s Scissors'..24
Galanthus 'David Shakleton'...15
Galanthus 'Desdemona...16
Galanthus 'Ecussion d Or' 32
Galanthus 'Kenneth 'Beckett`s AM'..40
Galanthus 'Modern Art.'...36
Galanthus 'Moreton Mill'..52
Galanthus 'Nothing Special'..23
Galanthus 'Onkel Oscar'...27
Galanthus 'Ray Cobb'...51
Galanthus 'Sam Arnott'..8
Galanthus 'Sandersii'...28
Galanthus 'Scharlockii Trifth'..44
Galanthus 'South Hayes'...31
Galanthus 'Straffan'...12
Galanthus 'Trumps'...43
Galanthus 'Viridiapice'..47
Galanthus 'Walrus...11
Galanthus 'Walrus'..11
Galanthus 'Wendy`s Gold'..19